CONOCE LA HISTORIA DE ESTADOS UNIDOS

EL FERROCARRIL TRANSCONTINENTAL

JOHN O'MARA
TRADUCIDO POR ALBERTO JIMÉNEZ

Gareth Stevens
PUBLISHING

ENCONTEXTO

Please visit our website, www.garethstevens.com. For a free color catalog of all our high-quality books, call toll free 1-800-542-2595 or fax 1-877-542-2596.

Cataloging-in-Publication Data

Names: O'Mara, John.
Title: El ferrocarril transcontinental / John O'Mara
Description: New York : Gareth Stevens Publishing, 2020. | Series: Conoce la historia de Estados Unidos | Includes glossary and index.
Identifiers: ISBN9781538250549 (pbk.) | ISBN 9781538250563 (library bound) | ISBN 9781538250556 (6 pack)
Subjects: LCSH: Pacific railroads--History--Juvenile literature. | Railroads--United States--History--Juvenile literature. | Frontier and pioneer life--United States--Juvenile literature.
Classification: LCC TF25.P23 O43 2020 | DDC 385.0973--dc23

First Edition

Published in 2020 by
Gareth Stevens Publishing
111 East 14th Street, Suite 349
New York, NY 10003

Translator: Alberto Jiménez
Editor, Spanish: Rossana Zuñiga
Editor: Therese M. Shea

Photo credits: Series art Christophe BOISSON/Shutterstock.com; (feather quill) Galushko Sergey/Shutterstock.com; (parchment) mollicart-design/Shutterstock.com; cover, p. 1 Archive Photos/Getty Images; p. 5 Everett Collection/Shutterstock.com; p. 7 George Skadding/The LIFE Picture Collection/Getty Images; p. 9 Carleton E. Watkins/wikimedia (https://commons.wikimedia.org/wiki/File:CPRR_Chief_Engineer_Theodore_D._Judah.jpg); p. 11 Courtesy of the Library of Congress; p. 13 City and County of San Francisco, California (bond); DigitalImageServices.com (scanning, reconstruction, digital restoration, and enhancement)/wikimedia (https://commons.wikimedia.org/wiki/File:San_Francisco_Pacific_Railroad_Bond_WPRR_1865.jpg); pp. 15, 29 Marzolino/Shutterstock.com; pp. 17, 23 Bettmann/Getty Images; p. 19 Historical/Corbis Historical/Getty Images; p. 21 PHAS/Universal Images Group/Getty Images; p. 25 Photoonlife/Shutterstock.com; p. 27 Andrew J. Russell/Wikimedia.

Printed in the United States of America

CPSIA compliance information: Batch #CW20GS: For further information contact Gareth Stevens, New York, New York at 1-800-542-2595.

CONTENIDO

Las palabras del glosario se muestran en **negrita** la primera vez que aparecen en el texto.

DE COSTA A COSTA

Durante mucho tiempo la gente en Estados Unidos no tuvo una manera fácil de viajar desde una costa del país hacia la otra. Podían trasladarse en carretas o **diligencias** y en barco. Pero estas alternativas de viaje resultaban difíciles, costosas y muy largas o prolongadas.

SI QUIERES SABER MÁS

Quienes querían ir de una costa de Estados Unidos a la otra, debían navegar alrededor de Sudamérica. Otros, navegaban hasta Centroamérica, tomaban un tren hacia la costa opuesta, y luego viajaban en barco hasta su destino.

VIAJAR POR TREN

La construcción del primer ferrocarril de Estados Unidos comenzó en 1828. Como era evidente que los trenes facilitaban los viajes entre las grandes ciudades, se empezó a planear la construcción de una vía férrea, un ferrocarril transcontinental que cruzara el país de costa a costa. Iba a ser un trabajo **arduo**.

SI QUIERES SABER MÁS

La primera **locomotora** a vapor construida en América, se la llamó Pulgarcito. Los trenes propulsados por carbón reemplazaron a los tirados por caballos.

EL PLAN DE JUDAH

En 1860, el **ingeniero** Theodore Judah planificó una ruta para un ferrocarril transcontinental a través de las montañas de Sierra Nevada. Encontró **inversionistas** para este proyecto y consiguió que el Gobierno de Estados Unidos lo apoyara. Sin embargo, Judah murió antes de que se terminara el ferrocarril transcontinental.

SI QUIERES SABER MÁS

Los inversionistas que Theodore Judah (arriba) encontró formaron la Central Pacific Railroad Company.

LEY DEL FERROCARRIL DEL PACÍFICO

En 1862, el presidente Abraham Lincoln firmó la Ley del Ferrocarril del Pacífico. Proporcionó tierras y dinero para la construcción de un ferrocarril que fuera de utilidad para todo el país. Las compañías ferroviarias Central Pacific y Union Pacific fueron las dos empresas encargadas de colocar las vías.

SI QUIERES SABER MÁS

Los empresarios que controlaban Central Pacific Railroad eran llamados los "Cuatro Grandes": Leland Stanford, Charles Crocker, Collis P. Huntington y Mark Hopkins.

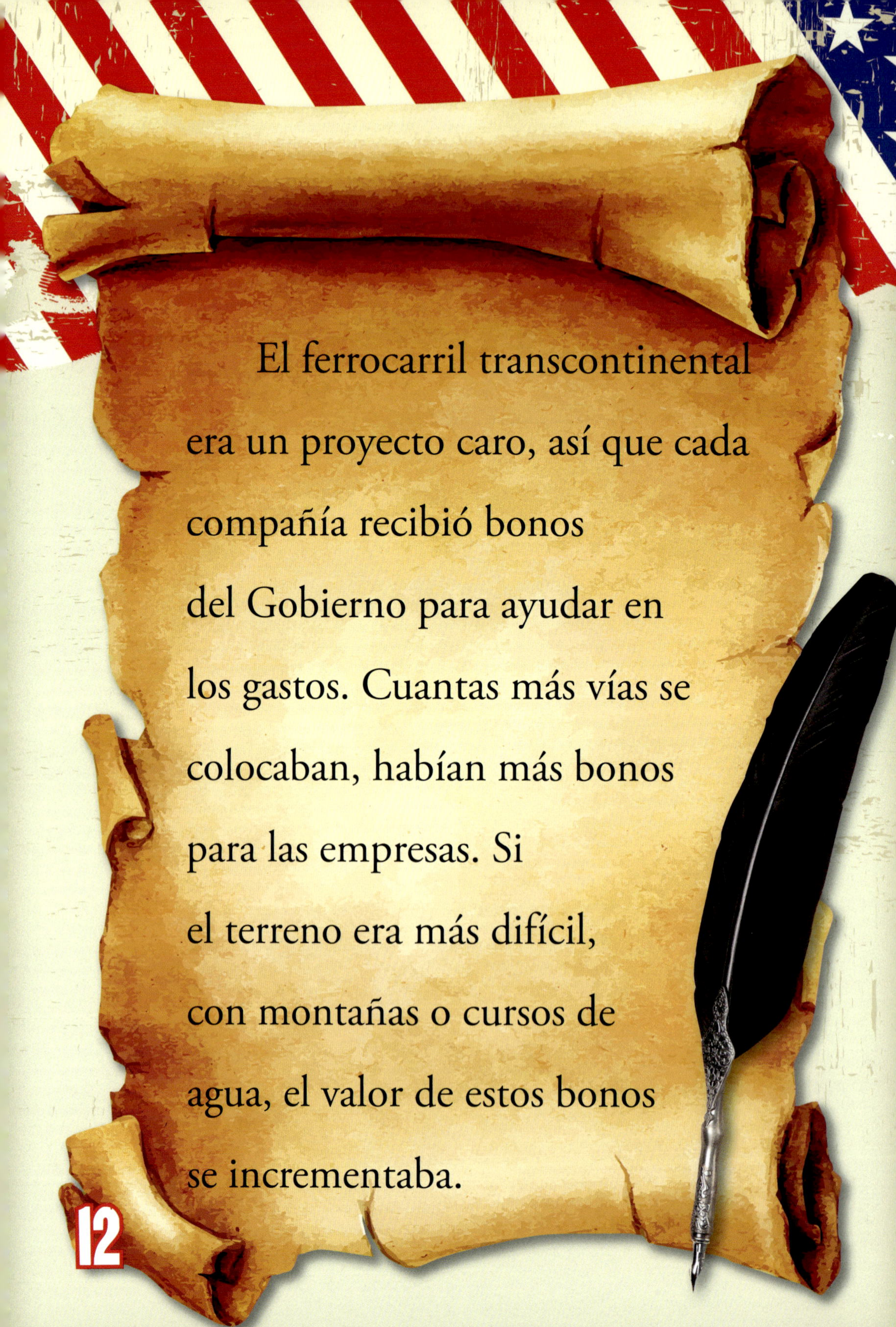

El ferrocarril transcontinental era un proyecto caro, así que cada compañía recibió bonos del Gobierno para ayudar en los gastos. Cuantas más vías se colocaban, habían más bonos para las empresas. Si el terreno era más difícil, con montañas o cursos de agua, el valor de estos bonos se incrementaba.

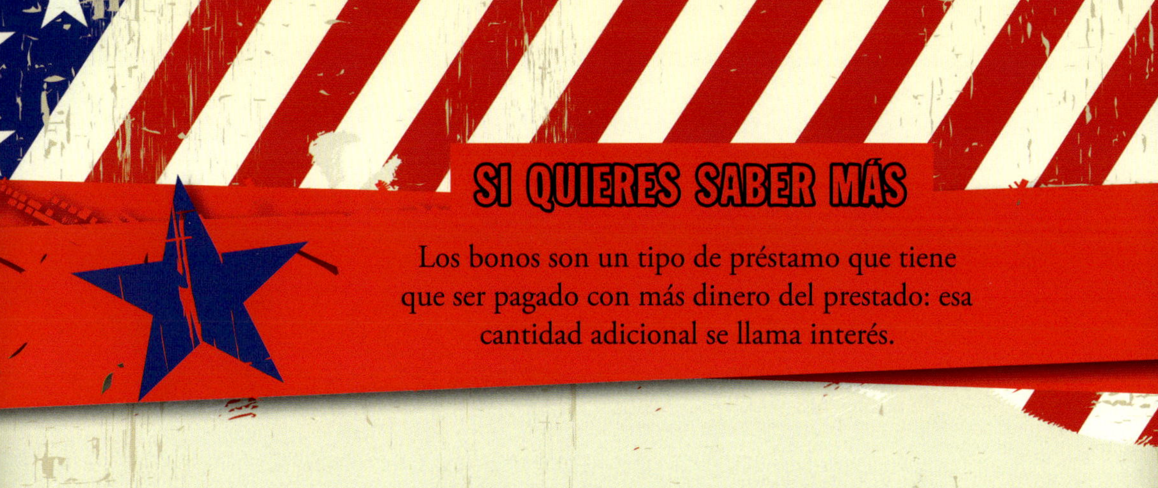

SI QUIERES SABER MÁS

Los bonos son un tipo de préstamo que tiene que ser pagado con más dinero del prestado: esa cantidad adicional se llama interés.

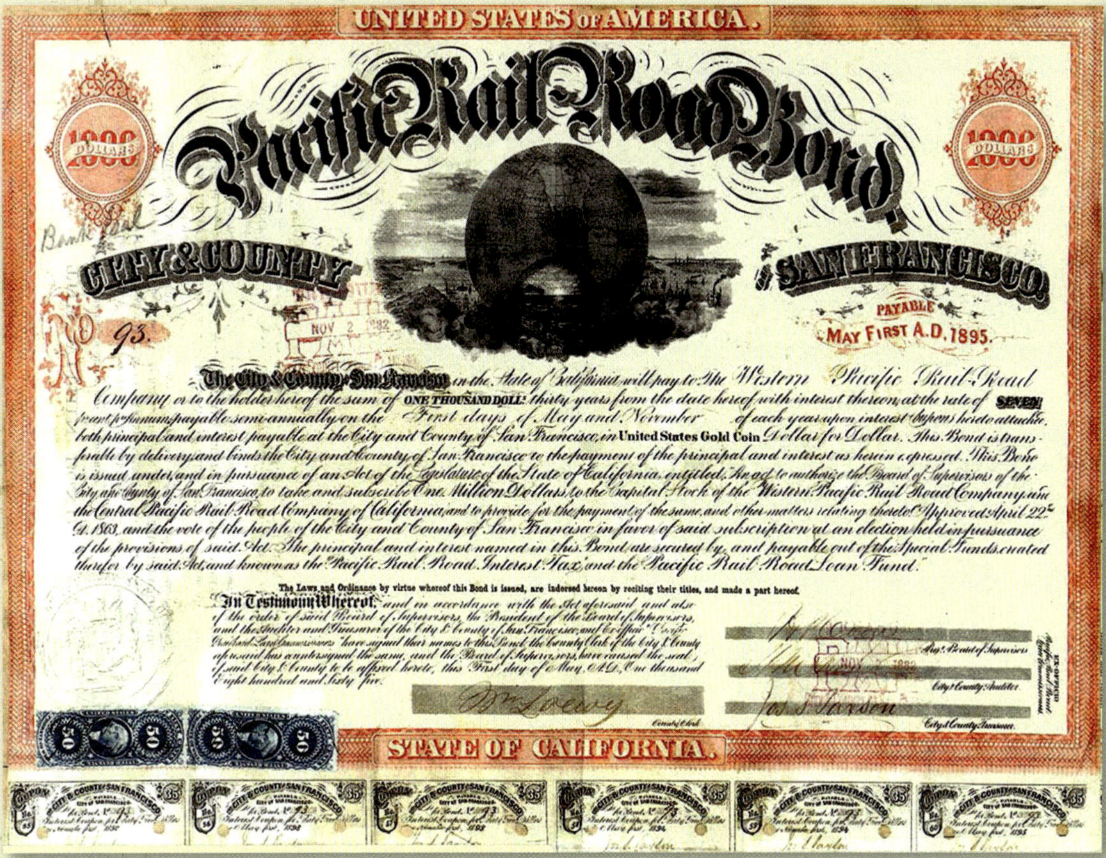

UNITED STATES OF AMERICA.

Pacific Rail Road Bond.

City & County of San Francisco.

Payable May First A.D. 1895.

No 93.

The City & County of San Francisco in the State of California will pay to the Western Pacific Rail Road Company or to the holder hereof the sum of ONE THOUSAND DOLL: thirty years from the date hereof with interest thereon at the rate of SEVEN per cent per annum payable semi-annually on the First days of May and November of each year upon interest Coupons hereto attached, both principal and interest payable at the City and County of San Francisco, in United States Gold Coin Dollar for Dollar. This Bond is transferable by delivery and binds the City and County of San Francisco to the payment of the principal and interest as herein expressed. This Bond is issued under and in pursuance of an Act of the Legislature of the State of California entitled "An act to authorize the Board of Supervisors of the City and County of San Francisco to take and subscribe One Million Dollars to the Capital Stock of the Western Pacific Rail Road Company and the Central Pacific Rail Road Company of California and to provide for the payment of the same, and other matters relating thereto" Approved April 22nd A.D. 1863, and the vote of the people of the City and County of San Francisco in favor of said subscription at an election held in pursuance of the provisions of said Act. The principal and interest named in this Bond are secured by, and payable out of the Special Funds created therefor by said Act, and known as the "Pacific Rail Road Interest Tax" and the "Pacific Rail Road Loan Fund."

STATE OF CALIFORNIA.

COMIENZAN LOS TRABAJOS

En 1863, los trabajadores de la compañía Central Pacific Railroad iniciaron las obras en Sacramento, California, tendiendo la vía hacia el este. Los de Union Pacific no empezaron a tender las vías sino hasta después de la **guerra de Secesión** (1865); entonces avanzaron en dirección oeste, desde la frontera de Iowa y Nebraska.

SI QUIERES SABER MÁS

En 1864, la segunda Ley del Ferrocarril del Pacífico concedió más tierras a las empresas. Estas vendieron bonos y terrenos a fin de recaudar dinero para este costoso proyecto.

TRABAJADORES DEL FERROCARRIL

Las compañías ferroviarias contrataron a muchos tipos de personas. Union Pacific contrató a **inmigrantes** irlandeses y a ex soldados de la guerra de Secesión. También contrataron a **mormones** para colocar las vías a través de Utah, donde muchos de ellos se habían establecido. El trabajo se realizó sobre terreno llano.

SI QUIERES SABER MÁS

Union Pacific atravesó las tierras de pueblos nativos americanos, como los sioux, los cheyenes y los arapahoes. Estos atacaban los campamentos y destrozaban las vías.

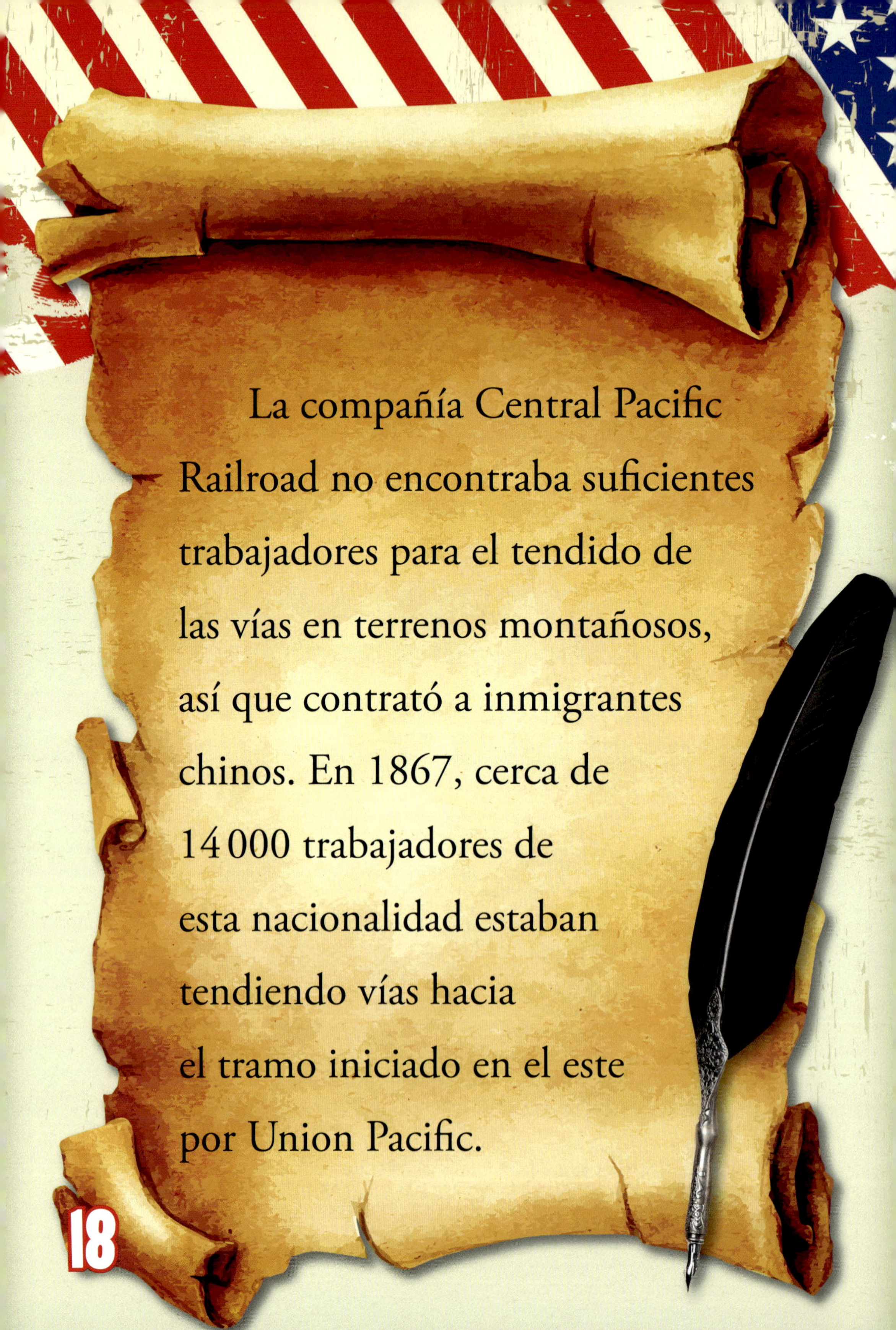

La compañía Central Pacific Railroad no encontraba suficientes trabajadores para el tendido de las vías en terrenos montañosos, así que contrató a inmigrantes chinos. En 1867, cerca de 14 000 trabajadores de esta nacionalidad estaban tendiendo vías hacia el tramo iniciado en el este por Union Pacific.

SI QUIERES SABER MÁS

Los trabajadores chinos eran tratados injustamente. Por ejemplo, ganaban menos dinero que los trabajadores blancos.

¡PELIGRO!

Los trabajadores de la compañía Central Pacific se enfrentaban a grandes peligros, debían perforar las montañas con **explosivos** y construir altos puentes de madera sobre los valles. Los obreros morían de frío o aplastados por **avalanchas**. Cientos de ellos fallecieron en Sierra Nevada.

SI QUIERES SABER MÁS

Los trabajadores chinos dejaron de trabajar por un tiempo y pidieron un salario más alto. Central Pacific no les envió alimentos hasta que regresaron a trabajar.

UN NUEVO RÉCORD

A principios de 1869, las líneas de Central Pacific y Union Pacific se acercaban. Acordaron reunirse en la cima de Promontory, Utah. En abril, la Central Pacific tendió 10 millas (16 km) de vías en un solo día, superando el récord de Union Pacific en más de 2 millas (3.2 km).

SI QUIERES SABER MÁS

Para completar su récord, los trabajadores de Central Pacific colocaron alrededor de 3 520 rieles en un día. Cada riel pesaba alrededor de 560 libras (254 kg).

LOS ÚLTIMOS CLAVOS

Las vías tendidas por Central Pacific y Union Pacific se unieron finalmente en una **ceremonia** en la cima de Promontory, el 10 de mayo de 1869. Central Pacific había tendido unas 690 millas (1 110 km) de vías. Union Pacific la superaba: había tendido alrededor de 1086 millas (1748 km).

SI QUIERES SABER MÁS

Central Pacific había comenzado a tender vías antes que Union Pacific. Sin embargo, completaron menos millas debido al terreno montañoso.

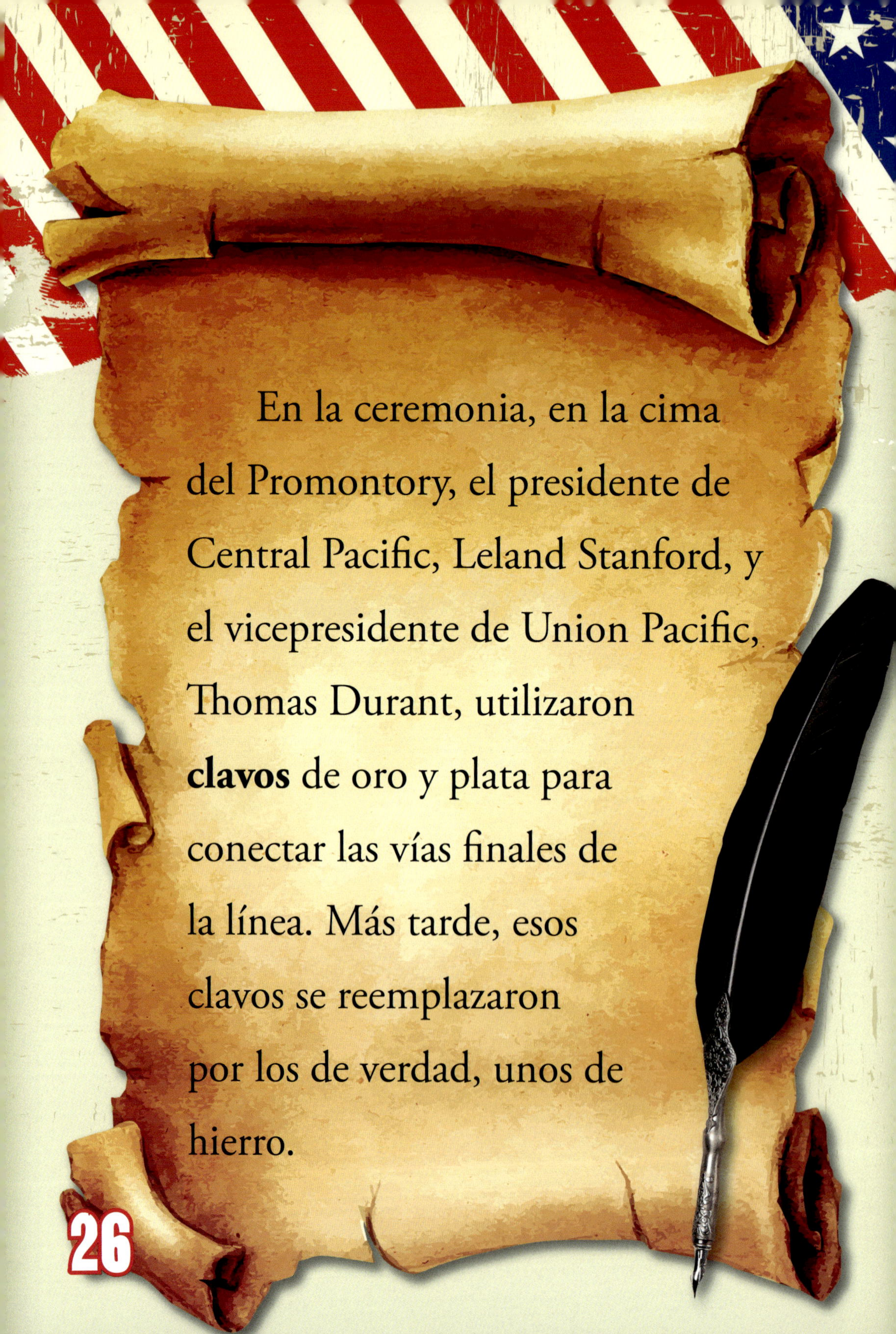

En la ceremonia, en la cima del Promontory, el presidente de Central Pacific, Leland Stanford, y el vicepresidente de Union Pacific, Thomas Durant, utilizaron **clavos** de oro y plata para conectar las vías finales de la línea. Más tarde, esos clavos se reemplazaron por los de verdad, unos de hierro.

SI QUIERES SABER MÁS

Una línea de **telégrafo** estaba conectada al ferrocarril. Cuando entró el último clavo, se envió un mensaje telegráfico que decía: *D-O-N-E* (terminado).

RESULTADOS DEL FERROCARRIL

Tras la conexión de las vías de los tramos del este y del oeste, el nuevo ferrocarril transcontinental redujo el tiempo que se tardaba en cruzar el país, de unos seis meses a menos de dos semanas; también resultaba mucho más barato que las otras alternativas de transporte. El ferrocarril transcontinental cambió al país para siempre.

SI QUIERES SABER MÁS

El ferrocarril transcontinental llevó más gente a las tierras de los pueblos nativos. Los asentamientos indígenas fueron destruidos y los nativos americanos forzados a mudarse.

FECHAS CLAVE DEL FERROCARRIL TRANSCONTINENTAL

1860
El ingeniero Theodore Judah busca el camino para un ferrocarril transcontinental.

1861
Comienza la guerra de Secesión.

1862
El presidente Abraham Lincoln firma la Ley del Ferrocarril del Pacífico para apoyar la construcción del ferrocarril.

1863
Central Pacific comienza a colocar vías hacia el este en Sacramento, California.

1864
Lincoln firma la segunda Ley del Ferrocarril del Pacífico, y entrega más tierras y bonos gubernamentales a las compañías ferroviarias que construyen las vías.

1865
La guerra de Secesión acaba y Union Pacific empieza a colocar vías hacia el oeste.

1869
En abril, los trabajadores de la Central Pacific batieron el récord al colocar la mayor cantidad de vías en una sola jornada de trabajo.

1869
El 10 de mayo las líneas ferroviarias de Central Pacific y Union Pacific se unen en la cima de Promontory, Utah.

GLOSARIO

avalancha: gran masa de nieve que se desliza montaña abajo.

arduo: muy difícil.

ceremonia: evento para honrar o celebrar algo.

clavo: varilla larga y puntiaguda hecha a menudo de metal que se utiliza para unir objetos entre sí o a terceros.

diligencia: carruaje cerrado y tirado por caballos que servía para transportar personas y correo.

explosivo: un tipo de materia o dispositivo que produce una explosión poderosa

guerra de Secesión: librada entre 1861 y 1865 en Estados Unidos, entre la Unión (los estados del Norte) y la Confederación (los estados del Sur).

ingeniero: profesional que planifica y supervisa la construcción de algo.

inmigrante: quien llega a un país extranjero para trabajar y vivir en él.

inversionista: alguien que gasta dinero para recibir más dinero en el futuro.

locomotora: máquina sobre ruedas que produce la potencia suficiente como para tirar de un tren.

mormón: miembro de una iglesia cristiana fundada en Estados Unidos, en 1830.

telégrafo: sistema de comunicación por medio de señales eléctricas enviadas a través de cables aéreos que solían seguir el trazado de las vías férreas.

PARA MÁS INFORMACIÓN

Libros

Lynette, Rachel. *The Transcontinental Railroad*. New York, NY: PowerKids Press, 2014.

Zuchora-Walske, Christine. *The Transcontinental Railroad*. Minneapolis, MN: Core Library, 2017.

Sitios de internet

Clavar el último clavo
www.sfmuseum.org/hist1/rail.html
Lee sobre los hombres que hicieron posible el transcontinental.

Expansión hacia el Oeste: primer ferrocarril transcontinental
www.ducksters.com/history/westward_expansion/first_transcontinental_railroad.php
Averigüa más sobre cómo se completó esta hazaña.

Nota del editor para educadores y padres: nuestro personal especializado ha revisado cuidadosamente estos sitios de internet para asegurarse de que son apropiados para los estudiantes. Muchos sitios de internet cambian con frecuencia, por lo que no podemos garantizar que posteriores contenidos que se suban a esas páginas cumplan con nuestros estándares de calidad y valor educativo. Tengan presente que se debe supervisar cuidadosamente a los estudiantes siempre que tengan acceso al internet.

ÍNDICE